¡Hola, cabras!

MARAVILLAS ANIMALES 50

LAS CABRAS

KATE RIGGS

CREATIVE EDUCATION | CREATIVE PAPERBACKS

¡NO TE ENCABRONES!

tabla de contenido

Publicado por Creative Education y Creative Paperbacks
P.O. Box 227, Mankato, Minnesota 56002
Creative Education y Creative Paperbacks
son sellos editoriales de The Creative Company
www.thecreativecompany.us

Diseño de Wyeth Morgan
Dirección artística de Blue Design (www.bluedes.com)

Imágenes de flickr/Biodiversity Heritage Library, portada (izquierda); Getty Images/Antagain, 10–11, Brian Nimens, 3, 20–21, imageBROKER/Justus de Cuveland, 18–19, saulgranda, 24; Pexels/Jacek Plak, 17, Max S., 1, Ralph, 8–9, Soundarapandian MS, 14–15, Thanh Luu, 2; Unsplash/Alejandro Luengo, portada (derecha), Amandeep Chaudhary, 23, Milana Jovanov, 13, Onur Tuna, 6–7, Raisa Milova, portada (centro), Timur Garifov, 4; Wikimedia Commons/Dagurba, 16

Library of Congress Cataloging-in-Publication Data
Names: Riggs, Kate author
Title: Las cabras / Kate Riggs.
Other titles: Goats (Marvels). Spanish
Description: Mankato, Minnesota : Creative Education/Creative Paperbacks, [2026] | Series: Maravillas | Includes translation or is translation. | Includes index. | Audience term: juvenile | Audience: Ages 4–7 Creative Education and Creative Paperbacks | Audience: Grades K–1 Creative Education and Creative Paperbacks | Summary: "An introduction to goats, this beginning reader features eye-catching photographs, humorous captions, and basic life science facts about these horned roamers. This Spanish text includes a labeled image guide, glossary, and index"– Provided by publisher.
Identifiers: LCCN 2024053400 (print) | LCCN 2024053401 (ebook) | ISBN 9798889898689 library binding | ISBN 9781682779088 paperback | ISBN 9798889899471 ebook
Subjects: LCSH: Goats–Juvenile literature
Classification: LCC SF383.35 .R54618 2026 (print) | LCC SF383.35 (ebook) | DDC 636.3/9–dc23/eng/20250204

Impreso en la India

Algunas cabras son animales de granja. Otras son salvajes. Los grupos de cabras se crían en **pastizales**.

LINDAS MANCHAS, AMIGO.
BONITAS RAYAS, AMIGO.

Las cabras peludas son de muchos colores. Tienen pelo blanco, marrón, gris o negro. Algunas cabras tienen pelo con manchas o rayas de color.

Las colas de las cabras son cortas y apuntan hacia arriba. Las **pezuñas** tienen dos dedos. La mayoría de las cabras tienen dos cuernos.

¿POR QUÉ SOLO TENGO DOS?

Las cabras comen muchas cosas. Comen hierbas y maleza, plantas leñosas y hojas.

¡QUÉ FLOR MÁS SABROSA!

Las crías de cabra se llaman cabritos. Al principio de su vida, beben leche. Luego, empiezan a comer plantas.

LOS CABRITOS PUEDEN PONERSE DE PIE A LOS POCOS MINUTOS DE NACER.

Las cabras curiosas trepan por todas partes. Intentan salir de su corral o de su cerca.

¡BEE, BEE!

¡Adiós, cabras!

[Imagina una cabra]

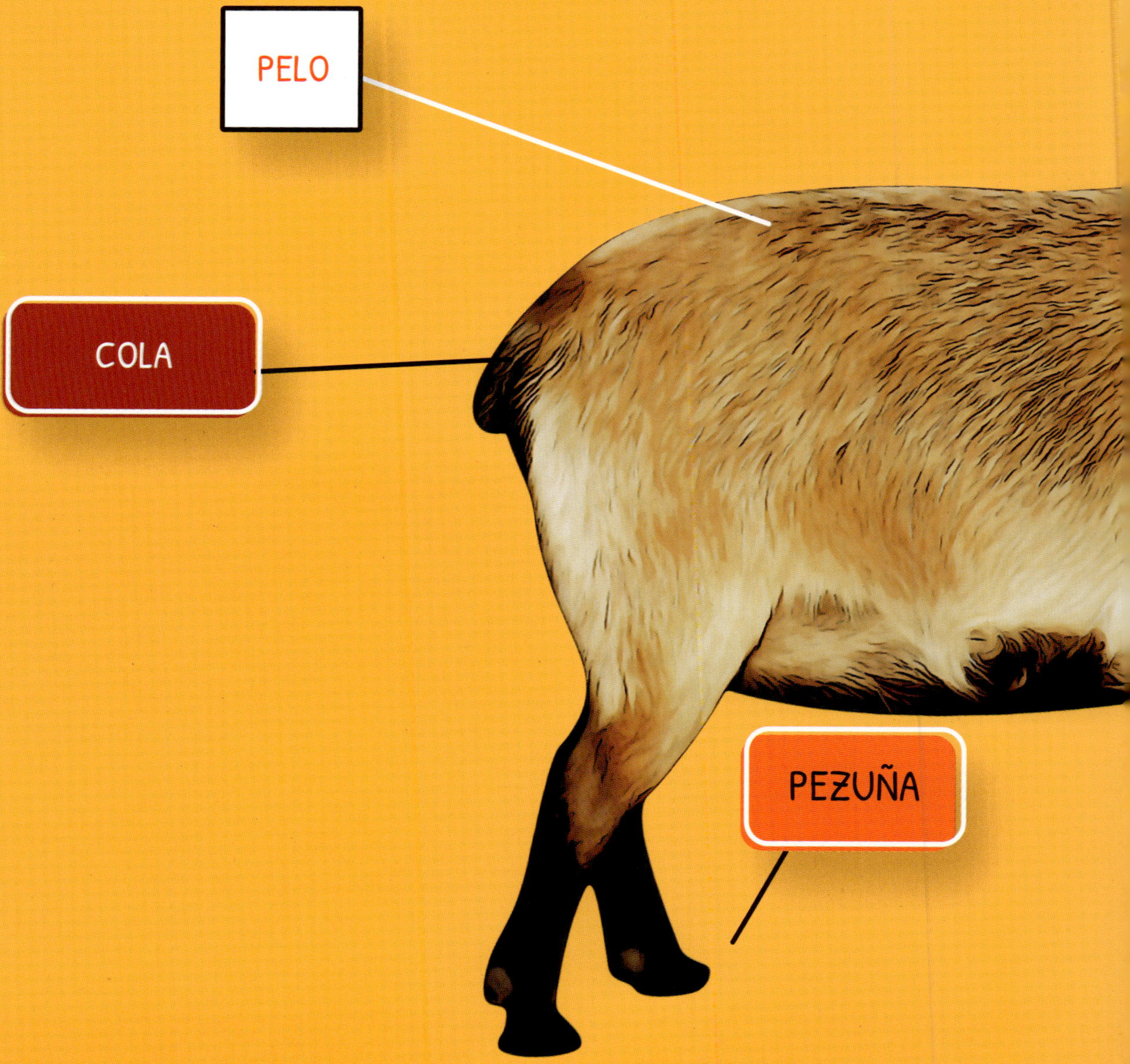

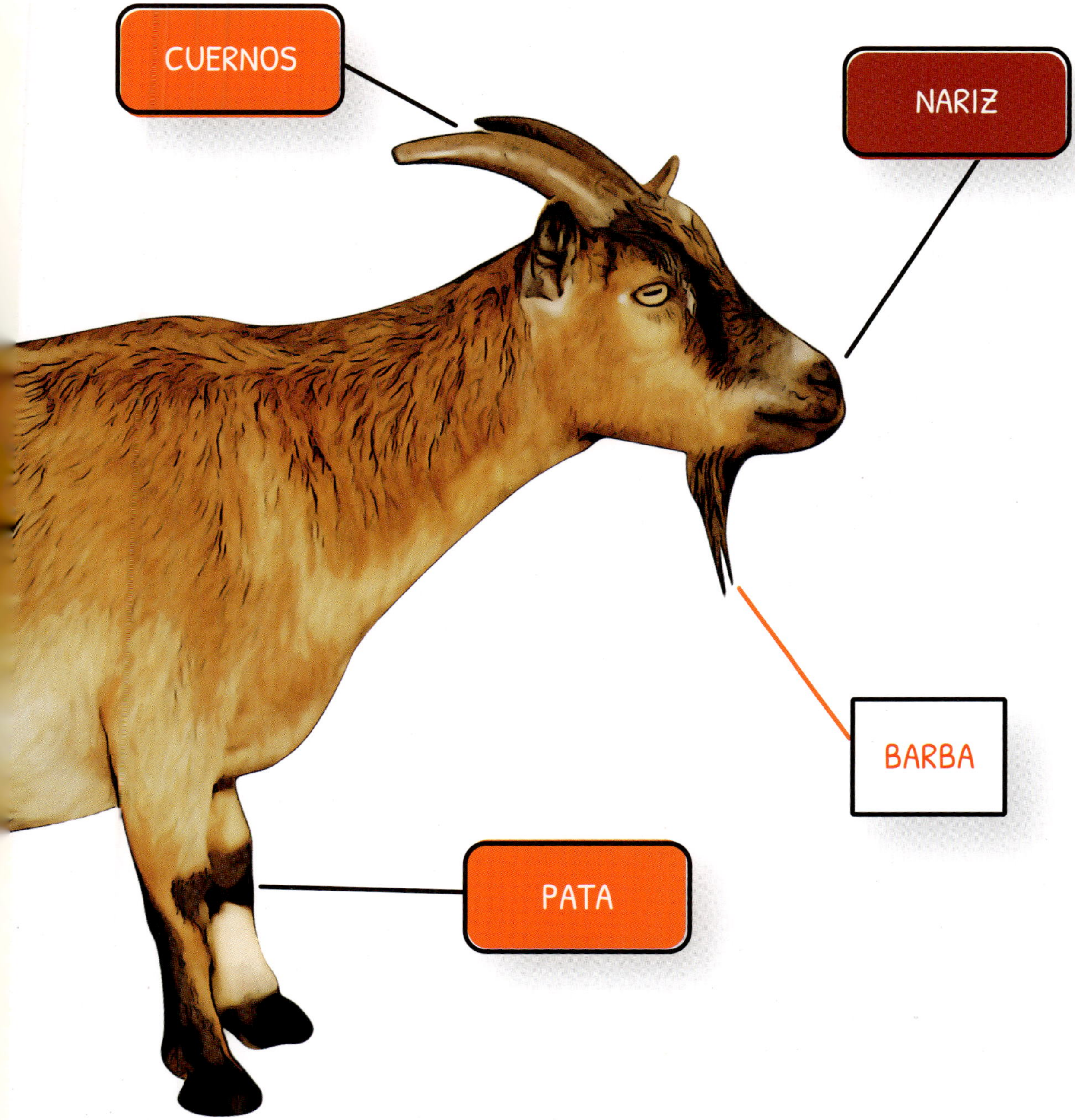
CUERNOS
NARIZ
BARBA
PATA

PALABRAS QUE DEBES CONOCER

curioso: que quiere saber más sobre algo

pastizal: tierra cubierta de hierba y otras plantas

pezuña: parte córnea de la pata de una cabra

ÍNDICE ALFABÉTICO